Meenu Vijarania
Swati Gupta

Balanceamento de carga de recursos de nuvem para gerenciamento de tarefas em tempo real

Meenu Vijarania
Swati Gupta

Balanceamento de carga de recursos de nuvem para gerenciamento de tarefas em tempo real

ScienciaScripts

Imprint
Any brand names and product names mentioned in this book are subject to trademark, brand or patent protection and are trademarks or registered trademarks of their respective holders. The use of brand names, product names, common names, trade names, product descriptions etc. even without a particular marking in this work is in no way to be construed to mean that such names may be regarded as unrestricted in respect of trademark and brand protection legislation and could thus be used by anyone.

Cover image: www.ingimage.com

This book is a translation from the original published under ISBN 978-620-7-80950-9.

Publisher:
Sciencia Scripts
is a trademark of
Dodo Books Indian Ocean Ltd. and OmniScriptum S.R.L publishing group

120 High Road, East Finchley, London, N2 9ED, United Kingdom
Str. Armeneasca 28/1, office 1, Chisinau MD-2012, Republic of Moldova, Europe
Printed at: see last page
ISBN: 978-620-7-94377-7

Balanceamento de carga de recursos na nuvem para gestão de tarefas em tempo real utilizando aprendizagem profunda

Resumo

Na era da computação em nuvem omnipresente, a gestão eficiente dos recursos e o equilíbrio da carga são fundamentais para garantir um desempenho ótimo e a fiabilidade dos serviços. A natureza dinâmica e imprevisível das tarefas em tempo real apresenta desafios significativos em ambientes de nuvem, necessitando de técnicas avançadas para lidar com a complexidade da alocação de recursos e do agendamento de tarefas. Este livro, "Load Balancing of Cloud Resources for Real-Time Tasks Management using Deep Learning", explora a integração de metodologias de aprendizagem profunda para melhorar os mecanismos de balanceamento de carga e gerir eficazmente as tarefas em tempo real na nuvem.

O texto começa com uma introdução aos conceitos fundamentais da computação em nuvem, enfatizando a importância do balanceamento de carga e os desafios únicos colocados pelas tarefas em tempo real. Os algoritmos tradicionais de balanceamento de carga e suas limitações em ambientes dinâmicos de nuvem são discutidos, preparando o terreno para a necessidade de soluções mais sofisticadas.

A aprendizagem profunda, um subconjunto da inteligência artificial conhecido pelas suas poderosas capacidades de previsão, oferece uma abordagem promissora a estes desafios. Ao tirar partido das redes neuronais e das técnicas de aprendizagem avançadas, os modelos de aprendizagem profunda podem prever a procura de recursos, otimizar a programação de tarefas e distribuir cargas de forma mais eficiente do que os métodos convencionais. Este livro fornece uma análise detalhada de como a aprendizagem profunda pode ser aplicada para melhorar as estratégias de balanceamento de carga, garantindo que as tarefas em tempo real cumprem requisitos rigorosos de desempenho e qualidade de serviço (QoS).

Os principais tópicos abordados incluem uma visão geral das arquitecturas de aprendizagem profunda, formação e implementação de modelos e a integração destes modelos com sistemas de gestão de recursos na nuvem. São apresentados estudos de casos práticos e implementações reais para ilustrar a eficácia das abordagens baseadas na aprendizagem profunda na melhoria do equilíbrio da carga e na gestão de tarefas em tempo real.

Através de uma combinação de conhecimentos teóricos, diretrizes práticas e provas empíricas, este livro tem como objetivo fornecer aos investigadores, profissionais e estudantes uma compreensão abrangente de como a aprendizagem profunda pode revolucionar o equilíbrio de carga e a gestão de tarefas na computação em nuvem. As tendências futuras e as potenciais direcções de investigação também são discutidas, destacando o cenário em evolução da computação em nuvem e os avanços contínuos nas tecnologias de aprendizagem profunda.

Ao colmatar a lacuna entre a gestão de recursos na nuvem e a aprendizagem profunda, este livro oferece uma perspetiva inovadora sobre a abordagem das complexidades da gestão de tarefas em tempo real, abrindo caminho para sistemas de nuvem mais inteligentes e eficientes.Índice

Índice

Capítulo 1

1. Introdução

1.1 Visão geral da computação em nuvem

A computação em nuvem representa uma mudança de paradigma na forma como os recursos informáticos são fornecidos e consumidos. Permite que os utilizadores acedam e utilizem conjuntos partilhados de recursos informáticos configuráveis (como redes, servidores, armazenamento, aplicações e serviços) através da Internet, possibilitando um aprovisionamento rápido com um esforço mínimo de gestão ou de interação com o fornecedor de serviços. As principais caraterísticas da computação em nuvem incluem o autosserviço a pedido, o acesso alargado à rede, a partilha de recursos, a elasticidade rápida e o serviço medido.

Conceitos-chave:

Autosserviço a pedido: Os utilizadores podem fornecer automaticamente capacidades informáticas, como tempo de servidor e armazenamento de rede, conforme necessário, sem necessidade de interação humana com cada fornecedor de serviços.

Acesso alargado à rede: As capacidades estão disponíveis na rede e são acedidas através de mecanismos normalizados que promovem a utilização por plataformas heterogéneas de clientes finos ou grossos (por exemplo, telemóveis, tablets, computadores portáteis e estações de trabalho).

Pooling de recursos: Os recursos informáticos do fornecedor são agrupados para servir vários consumidores através de um modelo multi-tenant, com diferentes recursos físicos e virtuais atribuídos e reatribuídos dinamicamente de acordo com a procura dos consumidores.

Elasticidade rápida: As capacidades podem ser aprovisionadas e libertadas de forma elástica, nalguns casos automaticamente, para escalar rapidamente para fora e para dentro, de acordo com a procura.

Serviço medido: Os sistemas de computação em nuvem controlam e optimizam automaticamente a utilização dos recursos, tirando partido de uma capacidade de medição a um nível de abstração adequado ao tipo de serviço (por exemplo, armazenamento, processamento, largura de banda e contas de utilizadores activos).

Importância do balanceamento de carga em ambientes de nuvem

O balanceamento de carga na computação em nuvem é crucial por vários motivos. Ele garante que nenhum servidor ou recurso seja sobrecarregado, o que pode levar à redução do desempenho, ao aumento da latência ou até mesmo a falhas no sistema. O balanceamento de carga eficaz melhora a disponibilidade e a fiabilidade das aplicações, optimizando a utilização dos recursos e melhorando a experiência do utilizador.

1.2 Principais vantagens:

Desempenho melhorado: Ao distribuir uniformemente as cargas de trabalho por vários servidores, o balanceamento de carga ajuda a garantir que cada servidor funciona em condições óptimas, evitando a sobrecarga e garantindo tempos de resposta mais rápidos.

Elevada disponibilidade e fiabilidade: As técnicas de balanceamento de carga aumentam a fiabilidade e a disponibilidade das aplicações, garantindo que, mesmo que um servidor falhe, outros podem assumir a carga sem interrupção.

Escalabilidade: O balanceamento de carga suporta o escalonamento dinâmico de recursos, permitindo que os ambientes de nuvem lidem com cargas variáveis de forma eficiente, o que é fundamental para lidar com picos de demanda.

Otimização de recursos: Ajuda a maximizar a utilização de recursos, assegurando que todos os recursos disponíveis são utilizados eficazmente, reduzindo o desperdício e melhorando a relação custo-eficácia.

Gestão de tarefas em tempo real

A gestão de tarefas em tempo real em ambientes de nuvem envolve o agendamento e a execução de tarefas que exigem processamento e resposta imediatos. Estas tarefas são caracterizadas por restrições de tempo rigorosas, em que os atrasos no processamento podem levar a uma degradação significativa da qualidade do serviço ou mesmo a falhas do sistema.

Desafios:

Restrições de tempo: As tarefas em tempo real devem ser concluídas dentro de prazos especificados, o que exige uma programação e uma afetação de recursos precisas.

Cargas de trabalho dinâmicas: A imprevisibilidade das cargas de trabalho em tempo real dificulta a previsão da procura de recursos, exigindo estratégias de gestão flexíveis e adaptáveis.

Qualidade de serviço (QoS): Garantir uma QoS consistente é um desafio, uma vez que implica manter os níveis de desempenho, como o tempo de resposta e o débito, mesmo com cargas variáveis.

Estratégias:

Programação de prioridades: Atribuição de uma prioridade mais elevada às tarefas em tempo real para garantir que são processadas antes das tarefas em tempo não real.

Reserva de recursos: Atribuição de recursos específicos exclusivamente a tarefas em tempo real para garantir a disponibilidade.

Algoritmos adaptativos: Utilização de algoritmos adaptativos que podem ajustar a programação e a atribuição de recursos em tempo real com base nas condições actuais do sistema e nos requisitos das tarefas.

1.3 Papel da aprendizagem profunda na gestão de recursos na nuvem

A aprendizagem profunda, um subconjunto da inteligência artificial, utiliza redes neurais com muitas camadas (redes profundas) para modelar padrões complexos nos dados. A sua aplicação na gestão de recursos da nuvem envolve a previsão e a otimização da atribuição de recursos e do equilíbrio de carga, melhorando significativamente a eficiência e a eficácia dos ambientes de nuvem.

Aplicações:

Análise preditiva: Os modelos de aprendizagem profunda podem prever futuras demandas de recursos com base em dados históricos, permitindo o dimensionamento proativo e a alocação de recursos.

Deteção de anomalias: Identificação de padrões invulgares na utilização de recursos que podem indicar potenciais problemas, permitindo uma intervenção precoce e a prevenção de falhas no sistema.

Balanceamento de carga dinâmico: Os algoritmos de aprendizagem profunda podem analisar dados em tempo real para ajustar dinamicamente a distribuição da carga, garantindo um desempenho e uma utilização de recursos óptimos.

Benefícios:

Maior precisão: Os modelos de aprendizagem profunda podem lidar com grandes quantidades de dados e capturar padrões complexos, levando a previsões e decisões mais precisas.

Automatização: A automatização das tarefas de gestão de recursos reduz a necessidade de intervenção manual, diminuindo a probabilidade de erros humanos e melhorando a eficiência operacional.

Escalabilidade: Os modelos de aprendizagem profunda podem ser escalonados com a infraestrutura de nuvem, tornando-os adequados para lidar com ambientes de nuvem em grande escala e cargas de trabalho complexas.

Ao integrar a aprendizagem profunda na gestão de recursos da nuvem, as organizações podem alcançar um nível mais elevado de automatização, eficiência e capacidade de resposta, conduzindo, em última análise, a serviços de nuvem mais robustos e fiáveis.

Capítulo 2

2. Fundamentos da computação em nuvem

2.1 Arquitetura e serviços em nuvem

A arquitetura da computação em nuvem engloba os vários componentes e camadas que formam a infraestrutura da computação em nuvem. Na sua essência, a arquitetura da computação em nuvem é construída em torno da interação entre as plataformas de front-end (como dispositivos e aplicações de clientes) e as plataformas de back-end (incluindo servidores, sistemas de armazenamento e bases de dados). O front-end, com o qual os utilizadores interagem através de navegadores Web ou aplicações, envia pedidos através da rede para a infraestrutura de back-end alojada em centros de dados. Esta infraestrutura fornece a potência computacional, o armazenamento e as capacidades de rede necessárias.

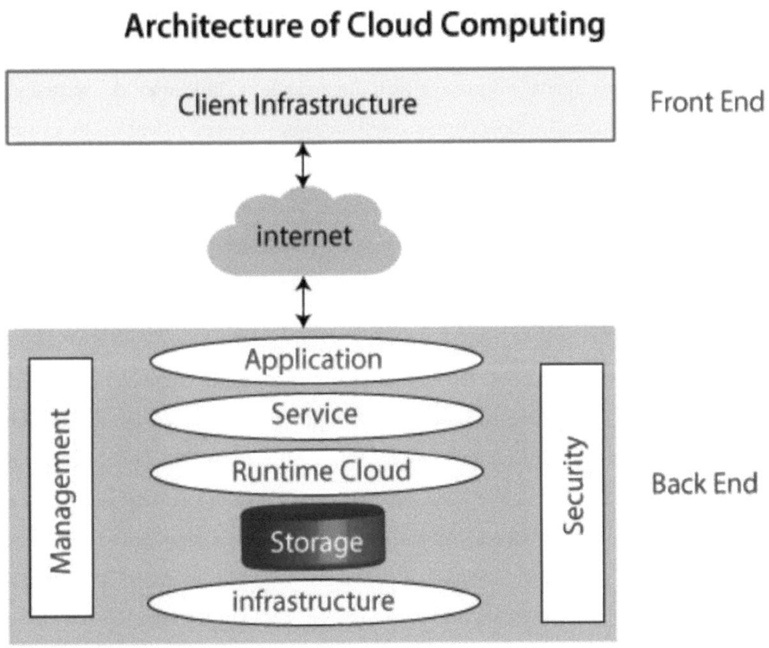

Figura 1: Arquitetura da computação em nuvem

Os serviços em nuvem são geralmente classificados em três modelos: Infraestrutura como serviço (IaaS), Plataforma como serviço (PaaS) e Software como serviço (SaaS). O IaaS oferece recursos de computação virtualizados através da Internet, permitindo aos utilizadores alugar máquinas virtuais, armazenamento e redes. Os exemplos incluem o AWS EC2 e o Google Compute Engine. A PaaS fornece uma plataforma que permite aos clientes desenvolver, executar e gerir aplicações sem ter de lidar com a infraestrutura subjacente, como o Google App Engine e o Microsoft Azure. O SaaS fornece aplicações de software através da Internet numa base de subscrição, acessíveis através de navegadores Web, com exemplos como o Google Workspace e o Salesforce. Cada modelo de serviço oferece diferentes níveis de controlo, flexibilidade e gestão, respondendo a diversas necessidades empresariais e casos de utilização.

2.2 Virtualização e atribuição de recursos

A virtualização é uma tecnologia fundamental na computação em nuvem, permitindo a criação de instâncias virtuais de plataformas de hardware, dispositivos de armazenamento e recursos de rede. Essa abstração permite que várias máquinas virtuais (VMs) sejam executadas em uma única máquina física, otimizando a utilização de recursos e fornecendo flexibilidade. Os hipervisores, o software que permite a virtualização, existem em dois tipos: Os hipervisores de tipo 1 (bare-metal), como o VMware ESXi e o Microsoft Hyper-V, são executados diretamente no hardware, enquanto os hipervisores de tipo 2 (alojados), como o VMware Workstation e o Oracle VirtualBox, são executados sobre um sistema operativo.

A afetação de recursos na nuvem envolve a distribuição eficiente de recursos informáticos entre várias tarefas e aplicações. Os mecanismos dinâmicos de atribuição de recursos ajustam os recursos com base na procura em tempo real, garantindo um desempenho ótimo e evitando que um único recurso se torne um estrangulamento. O balanceamento de carga desempenha um papel crucial neste processo, distribuindo uniformemente as cargas de trabalho pelos servidores, melhorando a fiabilidade e o desempenho do sistema. O escalonamento automático melhora ainda mais a gestão de recursos, ajustando automaticamente o número de servidores activos ou VMs em resposta aos padrões de tráfego, garantindo que as aplicações podem lidar com picos de carga sem excesso de recursos.

2.3 Tipos de modelos de implantação de nuvem (pública, privada, híbrida)

Os modelos de implantação de nuvem definem como os serviços de nuvem são fornecidos e gerenciados. O modelo de nuvem pública envolve serviços fornecidos pela Internet por provedores terceirizados, como AWS, Microsoft Azure e Google Cloud Platform. Esses serviços estão disponíveis para várias organizações (multilocatário) e oferecem benefícios como eficiência de custos, escalabilidade e encargos de manutenção reduzidos, pois o provedor gerencia a infraestrutura. No entanto, as nuvens públicas podem suscitar preocupações de segurança e desafios de conformidade devido à partilha de infra-estruturas.

As nuvens privadas, por outro lado, são dedicadas exclusivamente a uma única organização. Elas podem ser hospedadas no local ou por um provedor terceirizado. As nuvens privadas oferecem maior segurança e personalização, facilitando o cumprimento de requisitos regulamentares e de conformidade específicos. As desvantagens incluem custos de configuração e manutenção mais elevados em comparação com as nuvens públicas e escalabilidade potencialmente limitada.

As nuvens híbridas combinam elementos de nuvens públicas e privadas, proporcionando maior flexibilidade e uma gama mais ampla de opções de implantação. Esse modelo permite que as organizações equilibrem a escalabilidade e a economia das nuvens públicas com a segurança e o controle das nuvens privadas. As nuvens híbridas permitem a partilha de dados e aplicações entre ambientes, optimizando os custos através da utilização de nuvens públicas para operações não sensíveis e mantendo os dados sensíveis em nuvens privadas. Apesar das suas vantagens, as nuvens híbridas podem ser complexas de gerir e integrar, colocando desafios para garantir a segurança dos dados e a interoperabilidade perfeita entre diferentes ambientes.

Estes conceitos fundamentais em arquitetura de computação em nuvem, serviços, virtualização, atribuição de recursos e modelos de implementação preparam o terreno para tópicos mais avançados, como a integração da aprendizagem profunda para um melhor equilíbrio de carga e gestão de tarefas em tempo real.

Capítulo 3

3. Balanceamento de carga na computação em nuvem

3.1 Definição e importância do balanceamento de carga

O balanceamento de carga na computação em nuvem refere-se ao processo de distribuição do tráfego de rede de entrada ou das cargas de trabalho por vários servidores ou recursos para garantir que nenhum servidor fique sobrecarregado, o que pode degradar o desempenho e a fiabilidade. Ao distribuir uniformemente a carga, o balanceamento de carga melhora o desempenho geral das aplicações, aumenta a tolerância a falhas e garante uma experiência de utilizador sem problemas. Esse processo é fundamental para manter a alta disponibilidade e a confiabilidade em ambientes de nuvem, onde a demanda pode ser imprevisível e altamente variável.

A importância do balanceamento de carga na computação em nuvem não pode ser exagerada. Ele garante a utilização ideal dos recursos, reduzindo as chances de um único recurso ser subutilizado ou superutilizado. O balanceamento de carga também melhora a redundância e a tolerância a falhas; se um servidor falhar, a carga pode ser redistribuída entre os servidores restantes, minimizando o tempo de inatividade e garantindo a disponibilidade contínua do serviço. Além disso, melhora a escalabilidade, permitindo que os recursos sejam adicionados ou removidos dinamicamente para atender às mudanças na demanda, o que é crucial para lidar com picos de tráfego e manter a qualidade do serviço.

3. 2Algoritmos de balanceamento de carga

São utilizados vários algoritmos de equilíbrio de carga na computação em nuvem, cada um com as suas próprias vantagens e casos de utilização:

Round Robin:

- Distribui sequencialmente os pedidos de entrada pelos servidores disponíveis.
- Simples e fácil de implementar.
- Mais adequado para ambientes em que os servidores têm capacidades semelhantes e as cargas de trabalho são relativamente uniformes.

Menor ligação:

- Direciona o tráfego para o servidor com o menor número de ligações activas.
- Eficaz em ambientes onde existe uma variação significativa nas capacidades de processamento do servidor ou na duração das sessões.
- Assegura que nenhum servidor se torne um estrangulamento devido a um elevado número de ligações activas.

Round Robin ponderado:

- Atribui um peso a cada servidor com base na sua capacidade.
- Os servidores com pesos mais elevados recebem mais pedidos proporcionalmente à sua capacidade.
- Adequado para ambientes com servidores de diferentes níveis de desempenho.

IP Hash:

- Utiliza o endereço IP do cliente para determinar qual o servidor que tratará o pedido.
- Garante que o mesmo IP de cliente é consistentemente direcionado para o mesmo servidor, útil para a persistência da sessão.

Menor tempo de resposta:

- Direciona o tráfego para o servidor com o tempo de resposta mais rápido.
- Combina elementos de carga e desempenho, garantindo tempos de resposta rápidos.

- Ideal para aplicações que requerem elevado desempenho e baixa latência.

Atribuição aleatória:

- Atribui os pedidos aos servidores de forma aleatória.
- Simples e pode ser eficaz em ambientes uniformemente distribuídos e homogéneos.

Algoritmos adaptativos:

- Utilize dados e análises em tempo real para tomar decisões dinâmicas de balanceamento de carga.
- Pode ajustar-se a condições e cargas de trabalho variáveis, optimizando continuamente o desempenho.

3.3 Desafios do balanceamento de carga para tarefas em tempo real

A gestão do equilíbrio de carga para tarefas em tempo real na computação em nuvem apresenta vários desafios únicos:

Restrições rigorosas de tempo:

- As tarefas em tempo real têm frequentemente prazos rigorosos e exigem um processamento imediato.
- Garantir que estas tarefas sejam concluídas dentro dos prazos estabelecidos pode ser difícil, especialmente sob carga elevada.

Cargas de trabalho dinâmicas:

- Os sistemas em tempo real registam frequentemente cargas de trabalho flutuantes e imprevisíveis.
- Adaptar-se a estas alterações em tempo real, mantendo o desempenho e a fiabilidade, é um desafio.

Requisitos de qualidade do serviço (QoS):

- Manter uma QoS consistente, como baixa latência e alta taxa de transferência, é crucial para aplicações em tempo real.
- Equilibrar a carga e, ao mesmo tempo, garantir que as métricas de QoS são cumpridas requer algoritmos sofisticados e monitorização em tempo real.

Heterogeneidade de recursos:

- Os ambientes de nuvem são frequentemente constituídos por recursos heterogéneos com capacidades e níveis de desempenho variáveis.
- A utilização eficaz destes diversos recursos para satisfazer as exigências das tarefas em tempo real aumenta a complexidade do processo de equilíbrio da carga.

Escalabilidade:

- As aplicações em tempo real devem ser dimensionadas de forma eficiente para lidar com aumentos de carga sem degradar o desempenho.
- É essencial implementar soluções de balanceamento de carga escaláveis que possam ajustar dinamicamente a atribuição de recursos.

Tolerância a falhas:

- Garantir a disponibilidade contínua e a tolerância a falhas é fundamental para os sistemas em tempo real.
- Os mecanismos de balanceamento de carga devem ser robustos e capazes de lidar com falhas de forma graciosa sem afetar a execução de tarefas em tempo real.

Localidade dos dados:

- Para algumas aplicações em tempo real, a proximidade dos dados aos recursos de processamento é crucial para minimizar a latência.

- Garantir que os dados estão localizados perto dos recursos computacionais que deles necessitam pode ser um desafio num ambiente de nuvem distribuída.

Para enfrentar esses desafios, são necessárias estratégias avançadas de balanceamento de carga que aproveitem a análise preditiva, o aprendizado de máquina e o processamento de dados em tempo real. Estas técnicas podem ajudar a antecipar a procura, otimizar a utilização de recursos e garantir que as tarefas em tempo real cumprem os seus requisitos de desempenho e QoS.

Capítulo 4

4. Gestão de tarefas em tempo real na nuvem

4.1 Caraterísticas dos sistemas em tempo real

Os sistemas em tempo real são ambientes de computação especializados em que as tarefas têm de ser concluídas dentro de limites de tempo rigorosos. Estes sistemas são parte integrante das aplicações que exigem respostas imediatas e previsíveis, como a automação industrial, os dispositivos médicos e os sistemas de transacções financeiras. As caraterísticas que definem os sistemas em tempo real incluem:

1. **Atualidade:**
    - Os sistemas de tempo real estão sujeitos a prazos rigorosos. O sucesso da execução de uma tarefa depende não só da correção do resultado, mas também do tempo em que o resultado é produzido. O incumprimento de um prazo, mesmo que por uma fração de segundo, pode resultar em falhas do sistema ou num desempenho inaceitável.
2. **Determinismo:**
    - Estes sistemas apresentam um comportamento previsível, o que significa que as operações e execuções de tarefas produzem resultados consistentes e esperados sob as mesmas condições. O determinismo garante a fiabilidade e é crucial para manter a estabilidade do sistema.
3. **Fiabilidade e disponibilidade:**
    - A elevada fiabilidade e disponibilidade são essenciais para os sistemas em tempo real. Estes sistemas incorporam frequentemente mecanismos de tolerância a falhas para tratar graciosamente as falhas de hardware e software, assegurando um funcionamento contínuo sem interromper as tarefas críticas.
4. **Concorrência:**
    - Os sistemas em tempo real tratam frequentemente de múltiplas tarefas em simultâneo. Uma gestão eficiente da simultaneidade é vital para garantir que todas as tarefas possam cumprir os seus prazos sem interferir umas com as outras.
5. **Definição de prioridades:**

- São atribuídas prioridades diferentes às tarefas com base na sua urgência e importância. As tarefas de prioridade mais elevada antecipam-se às de prioridade mais baixa para garantir que as operações críticas são efectuadas dentro dos prazos exigidos.

6. **Restrições de recursos:**
   - Estes sistemas funcionam normalmente com recursos computacionais limitados, necessitando de uma gestão eficiente dos recursos para garantir que todas as tarefas são executadas dentro dos seus prazos sem sobrecarregar o sistema.

4.2 Algoritmos de programação para tarefas em tempo real

Os algoritmos de programação são fundamentais nos sistemas de tempo real, uma vez que determinam a ordem e o tempo de execução das tarefas para cumprir os prazos. O objetivo principal é otimizar a utilização dos recursos, assegurando simultaneamente que todas as tarefas cumprem as suas restrições de tempo. Os principais algoritmos de programação incluem:

1. **Programação monotónica da taxa (RMS):**
   - O RMS é um algoritmo de prioridade fixa em que as tarefas recebem prioridades com base na sua periodicidade; as tarefas com períodos mais curtos recebem prioridades mais elevadas. Este algoritmo é ótimo para a programação preemptiva de prioridade fixa, assumindo que as tarefas são periódicas e independentes. O RMS é fácil de implementar, mas pode não lidar bem com tarefas esporádicas.
2. **Prazo mais curto primeiro (EDF):**
   - O EDF é um algoritmo de prioridade dinâmico que atribui prioridades com base nos prazos absolutos das tarefas. As tarefas com prazos mais curtos têm maior prioridade. O EDF é ótimo tanto para a programação preemptiva como para a não preemptiva e garante o cumprimento de todos os prazos, desde que o sistema não esteja sobrecarregado. É altamente eficaz na gestão de cargas de trabalho diversas e dinâmicas.
3. **Menos frouxidão primeiro (LLF):**
   - O LLF dá prioridade às tarefas com base na sua laxidade, que é o tempo restante até ao prazo menos o tempo de execução restante. As tarefas com

menor laxidade são agendadas primeiro. O LLF é eficaz em ambientes com cargas de trabalho dinâmicas, garantindo o cumprimento dos prazos mesmo em condições variáveis.

4. **Programação de prioridades fixas:**
    - Neste método, são atribuídas prioridades fixas às tarefas e as tarefas de prioridade mais elevada podem antecipar-se às de prioridade mais baixa. Esta abordagem é simples e adequada para sistemas em que as prioridades das tarefas não se alteram frequentemente. É menos flexível em comparação com algoritmos de programação dinâmica como o EDF.
5. **Programação Round-Robin:**
    - A programação round-robin atribui uma fatia de tempo fixa a cada tarefa numa ordem cíclica. Embora não seja intrinsecamente adequado para requisitos de tempo real rigorosos, pode ser adaptado a sistemas de tempo real suaves em que os prazos não são tão críticos. Garante equidade e simplicidade.
6. **Round-Robin ponderado:**
    - Trata-se de uma extensão da programação round-robin em que são atribuídos pesos diferentes às tarefas com base na sua importância ou nas necessidades de recursos. As tarefas com maior peso recebem mais fatias de tempo. Esta abordagem equilibra a simplicidade com a capacidade de lidar com diferentes prioridades de tarefas.

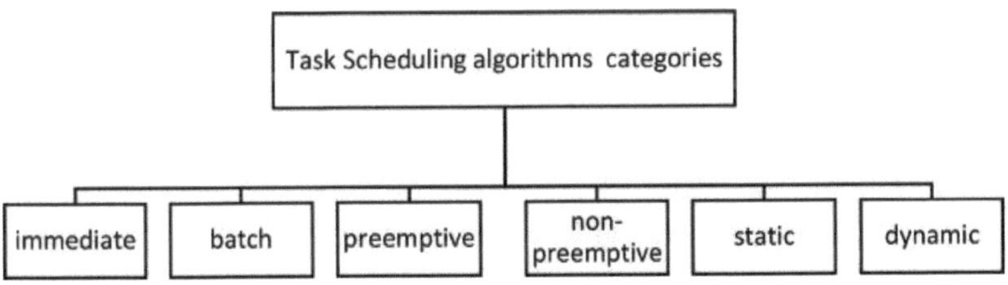

Figura 2. Algoritmos de programação em tempo real

4.3 Requisitos de qualidade do serviço (QoS)

A qualidade do serviço (QoS) nos sistemas em tempo real refere-se aos níveis de desempenho que o sistema deve atingir para garantir uma execução fiável e atempada das tarefas. Os principais requisitos de QoS incluem:

1. **Latência:**
   - A latência é o tempo necessário para que uma tarefa seja concluída a partir do momento em que é iniciada. Os sistemas em tempo real requerem uma latência baixa e previsível para garantir que as tarefas sejam executadas dentro dos seus prazos.
2. **Rendimento:**
   - A taxa de transferência é o número de tarefas concluídas num determinado período de tempo. Um débito elevado indica uma utilização eficiente dos recursos e uma gestão eficiente das tarefas, o que é essencial para tratar grandes volumes de tarefas em tempo real.
3. **Fiabilidade:**
   - A fiabilidade refere-se à capacidade do sistema para executar tarefas de forma correta e consistente. Os sistemas em tempo real incorporam frequentemente mecanismos de redundância e tolerância a falhas para garantir uma elevada fiabilidade e evitar falhas nas tarefas.
4. **Escalabilidade:**
   - A escalabilidade é a capacidade do sistema para lidar com cargas crescentes através da adição de recursos. Os sistemas em tempo real escaláveis podem ajustar-se a pedidos variáveis, assegurando que os requisitos de QoS são cumpridos de forma consistente, mesmo durante picos de carga.
5. **Utilização de recursos:**
   - A utilização eficiente dos recursos computacionais, de armazenamento e de rede é crucial. A utilização óptima dos recursos garante que as tarefas são executadas dentro das suas limitações sem sobrecarregar o sistema, mantendo um elevado desempenho e fiabilidade.
6. **Jitter:**
   - Jitter é a variabilidade nos tempos de execução de tarefas. Minimizar o jitter é essencial em sistemas em tempo real para garantir que as tarefas sejam executadas de forma previsível e que os prazos sejam cumpridos

de forma consistente.

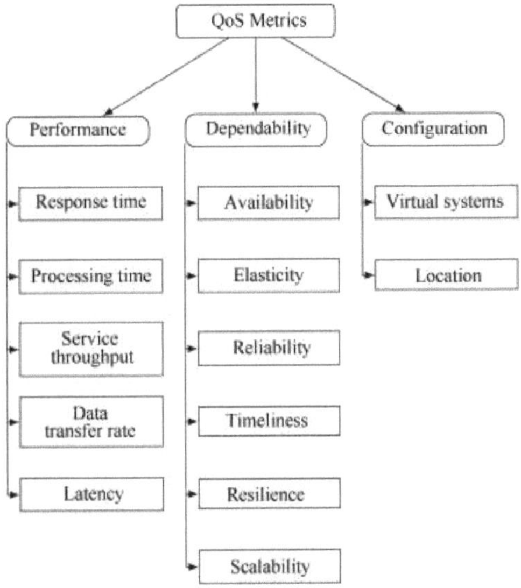

Figura 3. Parâmetros de QoS

Estudos de caso de aplicações em tempo real na nuvem

1. **Sistemas de monitorização de cuidados de saúde:**
   - Os sistemas de monitorização dos cuidados de saúde em tempo real baseados na nuvem monitorizam os sinais vitais dos doentes e alertam o pessoal médico para quaisquer anomalias. Estes sistemas requerem baixa latência e elevada fiabilidade para garantir intervenções atempadas. Algoritmos de programação como o EDF garantem que as tarefas críticas de monitorização cumpram os seus prazos. Os requisitos de QoS, como a baixa latência e a alta fiabilidade, são cruciais para fornecer uma monitorização consistente e precisa dos pacientes.
2. **Plataformas de negociação financeira:**
   - As plataformas de negociação financeira em tempo real utilizam recursos da nuvem para executar transacções e analisar dados de mercado em milissegundos. Estas plataformas utilizam algoritmos de agendamento

dinâmico para lidar com tarefas de negociação de alta frequência, garantindo que as transacções são concluídas dentro de prazos rigorosos. A capacidade do sistema de escalar recursos dinamicamente é fundamental durante os picos de mercado para manter a baixa latência e o alto rendimento.

3. **Veículos autónomos:**
   - Os veículos autónomos dependem de sistemas em tempo real baseados na nuvem para processar dados de sensores, tomar decisões de condução e comunicar com outros veículos e infra-estruturas. O agendamento de tarefas em tempo real garante que os dados dos sensores sejam processados prontamente e que as decisões sejam tomadas dentro de restrições de tempo críticas. O sistema deve cumprir elevados padrões de QoS, incluindo baixa latência, alta fiabilidade e jitter mínimo, para garantir uma operação segura e eficiente do veículo.
4. **Automação industrial:**
   - Na automação industrial, os sistemas em tempo real baseados na nuvem controlam as máquinas e os processos de produção. Estes sistemas requerem uma sincronização e coordenação precisas para manter a eficiência e a segurança operacionais. Os algoritmos de programação, como o RMS e o LLF, são utilizados para gerir tarefas como o processamento de dados de sensores e a geração de sinais de controlo. Os requisitos de QoS incluem elevada fiabilidade e baixa latência para garantir uma qualidade e segurança consistentes da produção.

Estes estudos de caso ilustram as diversas aplicações da gestão de tarefas em tempo real na nuvem e realçam a importância de algoritmos de programação eficazes e da gestão da QoS para garantir o desempenho e a fiabilidade dos sistemas em tempo real.

Capítulo 5

5. Introdução à aprendizagem profunda

A aprendizagem profunda representa um subcampo da aprendizagem automática que ganhou grande atenção e sucesso nos últimos anos devido à sua capacidade de aprender com grandes quantidades de dados e resolver problemas complexos. Na sua essência, os modelos de aprendizagem profunda são inspirados na estrutura e função do cérebro humano, especificamente concebidos para imitar as redes neuronais.

5.1 Noções básicas de redes neurais

As redes neuronais são os componentes fundamentais da aprendizagem profunda, inspiradas na estrutura e função do cérebro humano. Uma rede neuronal é constituída por camadas de nós ou neurónios interligados, cada um dos quais processa os dados de entrada e passa o resultado para a camada seguinte. Normalmente, a rede inclui uma camada de entrada, uma ou mais camadas ocultas e uma camada de saída. Os neurônios nessas camadas são conectados por pesos, que são ajustados durante o treinamento para minimizar o erro nas previsões da rede. Cada neurónio recebe um input, calcula uma soma ponderada, adiciona um bias e aplica uma função de ativação para introduzir a não-linearidade no modelo. Essa não-linearidade permite que as redes neurais capturem e representem padrões complexos nos dados, tornando-as poderosas para uma ampla gama de tarefas. Funções de ativação como ReLU (Rectified Linear Unit), Sigmoid e Tanh são normalmente utilizadas para transformar a soma ponderada numa saída que pode ser passada para a camada seguinte. O processo de aprendizagem envolve a propagação para a frente, em que os dados fluem através da rede para produzir uma saída, e a retropropagação, em que o erro é propagado de volta através da rede para atualizar os pesos. Este processo iterativo continua até que a rede atinja um nível de precisão satisfatório. As redes neuronais podem ser utilizadas para várias aplicações, desde o reconhecimento de imagem e de voz até ao processamento de linguagem natural e muito mais, constituindo a espinha dorsal dos modernos sistemas de aprendizagem profunda.

5.2 Tipos de arquitecturas de aprendizagem profunda

A aprendizagem profunda engloba várias arquitecturas adaptadas a diferentes tipos de dados e tarefas:

1. Redes Neuronais Convolucionais (CNN)

Visão geral: As Redes Neuronais Convolucionais (CNN) são utilizadas principalmente para o processamento de dados em grelha, como imagens e vídeos. Utilizam camadas convolucionais para aprender automaticamente padrões hierárquicos e dependências espaciais nos dados.

Componentes principais:

- **Camadas convolucionais:** Estas camadas consistem em filtros (kernels) que deslizam sobre os dados de entrada, efectuando multiplicações de elementos para extrair caraterísticas como arestas, texturas e formas.
- **Camadas de agrupamento:** Utilizadas para reduzir a amostragem de mapas de caraterísticas, reduzindo a complexidade computacional e controlando o sobreajuste através do resumo da presença de caraterísticas em sub-regiões.
- **Funções de ativação:** Normalmente, a ReLU (Unidade Linear Rectificada) é utilizada para introduzir a não-linearidade após as operações de convolução.
- **Camadas totalmente conectadas:** Achatam os mapas de caraterísticas e ligam todos os neurónios de uma camada a todos os neurónios da camada seguinte, facilitando as tarefas de classificação ou regressão.

Aplicações: As CNNs são amplamente utilizadas em:

- **Classificação de imagens:** Identificação de objectos e cenas em imagens.
- **Deteção de objectos:** Localização de objectos em imagens e vídeos.
- **Segmentação de imagens:** Atribuição de etiquetas a cada pixel de uma imagem.
- **Reconhecimento de rostos:** Identificação de rostos em imagens e vídeos.

2. Redes Neuronais Recorrentes (RNNs)

Visão geral: As Redes Neuronais Recorrentes (RNN) foram concebidas para processar dados sequenciais em que o resultado atual depende de cálculos anteriores. São adequadas para tarefas com dependências temporais, como a previsão de séries temporais e o processamento de linguagem natural.

Componentes principais:

- **Camadas recorrentes:** Os neurónios estão ligados entre si, permitindo que a informação persista ao longo do tempo.
- **Memória de Curto Prazo Longa (LSTM) e Unidade Recorrente Gated (GRU):** Variantes de RNNs concebidas para resolver o problema do gradiente de desaparecimento e capturar dependências de longo prazo em sequências.
- **RNNs bidireccionais:** Processam dados nas direcções para a frente e para trás para capturar dependências de contextos passados e futuros.

Aplicações: As RNNs são utilizadas em:

- **Reconhecimento de voz:** Conversão de linguagem falada em texto.
- **Tradução automática:** Tradução de texto entre línguas.
- **Previsão de séries temporais:** Previsão de preços de acções, condições meteorológicas, etc.
- **Reconhecimento de escrita à mão:** Reconhecimento de caracteres e dígitos manuscritos.

3. Redes Adversariais Generativas (GANs)

Visão geral: As Redes Adversariais Generativas (GAN) consistem em duas redes neurais - a geradora e a discriminadora - que competem entre si num quadro teórico de jogo. As GANs geram novas instâncias de dados que se assemelham aos dados de treinamento.

Componentes principais:

- **Gerador:** Cria novas amostras que se assemelham aos dados de treinamento.
- **Discriminador:** Diferencia entre amostras reais e geradas.
- **Funções de perda:** O gerador tem como objetivo enganar o discriminador, enquanto o discriminador tenta distinguir entre amostras reais e falsas.

Aplicações: Os GANs são aplicados em:

- **Geração de imagens:** Criação de imagens realistas a partir de ruído ou esboços.
- **Edição de imagens:** Alteração de atributos específicos de imagens.
- **Síntese de vídeo:** Geração de novos quadros de vídeo.
- **Aumento de dados:** Geração de dados sintéticos para aumentar o tamanho do conjunto de treino.

4. Aprendizagem por reforço profundo (DRL)

Visão geral: A Aprendizagem por Reforço Profundo (DRL) combina a aprendizagem profunda com princípios de aprendizagem por reforço para permitir que os agentes aprendam comportamentos óptimos através da interação com um ambiente. É utilizada em cenários em que as acções influenciam os estados e as recompensas subsequentes.

Componentes principais:

- **Agente:** Toma decisões com base em observações e recebe recompensas do ambiente.
- **Ambiente:** Representa a tarefa ou o problema que o agente está a tentar resolver.
- **Redes de políticas:** Aprender acções óptimas tendo em conta os estados (métodos de gradiente de política).
- **Redes de valor:** Estimar o retorno esperado de um determinado par estado-ação (Q-learning).

Aplicações: A DRL encontra aplicações em:

- **Jogar jogos:** Atingir um desempenho sobre-humano em jogos como o AlphaGo e os jogos Atari.
- **Robótica:** Ensinar os robots a executar tarefas complexas.
- **Condução autónoma:** Navegação de veículos no trânsito.
- **Sistemas de recomendação:** Personalização de recomendações com base nas interações dos utilizadores.

5. Modelos de transformadores

Visão geral: Os modelos de transformação revolucionaram o processamento de linguagem natural (PNL) ao eliminarem os estrangulamentos do processamento sequencial utilizando mecanismos de auto-atenção. Tornaram-se essenciais em tarefas que envolvem dados de texto em grande escala.

Componentes principais:

- **Mecanismo de auto-atenção:** Permite que o modelo pondere a importância de diferentes palavras numa frase, captando eficientemente as dependências de longo alcance.
- **Transformador Codificador:** Processa as sequências de entrada, capturando informações contextuais.
- **Descodificador de transformador:** Gera sequências de saída, normalmente utilizadas em tarefas como a tradução automática.
- **Codificação posicional:** Fornece informação posicional ao modelo, uma vez que os transformadores não compreendem intrinsecamente a ordem das palavras.

Aplicações: Os modelos de transformadores são fundamentais para:

- **Tradução automática:** Tradução de texto entre línguas sem modelação de sequência explícita.
- **Geração de texto:** Geração de respostas textuais coerentes.
- **Sumarização:** Geração de resumos concisos de passagens de texto longas.
- **Resposta a perguntas:** Responder a perguntas com base num determinado contexto.

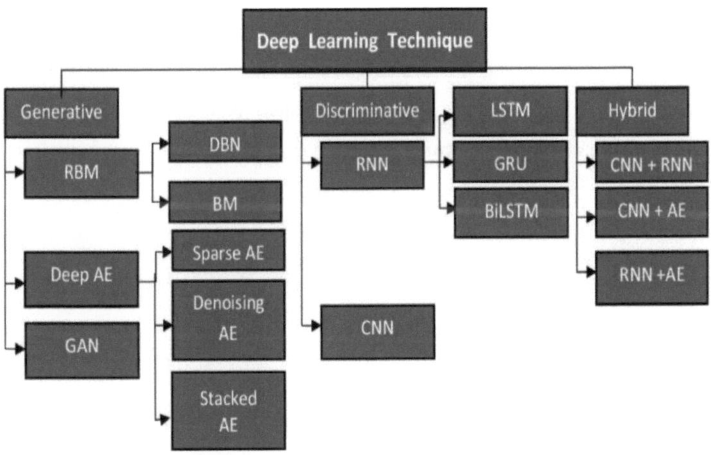

Figura 4: Classificação das técnicas de aprendizagem profunda

5.3 Formação e avaliação de modelos de aprendizagem profunda

O treino de um modelo de aprendizagem profunda implica alimentá-lo com dados rotulados para ajustar os seus parâmetros (pesos e enviesamentos) de forma iterativa. Este processo emprega normalmente a retropropagação, em que os erros são propagados para trás através da rede para atualizar os pesos, optimizando o desempenho do modelo. A avaliação dos modelos de aprendizagem profunda envolve testá-los em dados não vistos para avaliar as suas capacidades de generalização. Métricas como exatidão, precisão, recuperação e pontuação F1 são utilizadas para quantificar o desempenho do modelo, garantindo um bom desempenho em dados novos e não vistos.

A aprendizagem profunda revolucionou domínios como a visão por computador, o processamento de linguagem natural e a robótica, alcançando resultados de ponta em tarefas como a classificação de imagens, o reconhecimento de voz e a tradução de línguas. À medida que os recursos computacionais e a disponibilidade de dados continuam a crescer, espera-se que o potencial da aprendizagem profunda para resolver problemas complexos e impulsionar a inovação em todos os sectores se expanda ainda mais.

Conclusão

Cada arquitetura de aprendizagem profunda destaca-se em diferentes domínios e tarefas, tirando partido de mecanismos e princípios de conceção únicos para processar e aprender com os dados de forma eficaz. À medida que a investigação continua a evoluir, estas arquitecturas estão a tornar-se cada vez mais sofisticadas, permitindo que a aprendizagem profunda resolva problemas mais complexos em vários domínios.

Capítulo 6

6. Aprendizagem profunda para balanceamento de carga

6.1 Introdução

O balanceamento de carga é um aspeto crítico da gestão de infra-estruturas de computação em nuvem, com o objetivo de distribuir eficientemente a carga de trabalho por vários servidores ou recursos. Os algoritmos tradicionais de balanceamento de carga baseiam-se frequentemente em métodos heurísticos e baseados em regras para otimizar a atribuição de recursos com base nas métricas actuais do sistema. No entanto, a natureza dinâmica e evolutiva dos ambientes de nuvem exige soluções mais adaptativas e inteligentes.

A aprendizagem profunda, um subconjunto da aprendizagem automática inspirado na estrutura e função do cérebro humano, oferece um potencial significativo para revolucionar as práticas de balanceamento de carga. Ao aproveitar as redes neurais e as técnicas avançadas de análise de dados, a aprendizagem profunda permite que os sistemas aprendam com grandes quantidades de dados históricos e em tempo real. Esta capacidade permite a modelação preditiva de padrões de carga de trabalho e estratégias adaptativas de atribuição de recursos que podem responder em tempo real às exigências variáveis.

Principais benefícios da aprendizagem profunda no balanceamento de carga:

1. **Análise preditiva:** Os modelos de aprendizagem profunda podem analisar dados históricos de carga de trabalho e prever padrões de carga futuros com mais precisão do que os métodos tradicionais. Essa capacidade preditiva permite a alocação e o dimensionamento proativos de recursos, otimizando o desempenho e reduzindo a latência.
2. **Reconhecimento de padrões complexos:** As redes neurais são excelentes na identificação de padrões não lineares e correlações nos dados. Elas podem capturar relações complexas entre várias métricas do sistema (por exemplo, utilização da CPU, tráfego de rede) e caraterísticas da carga de trabalho, levando a decisões de balanceamento de carga mais precisas.

3. **Adaptação em tempo real:** Os modelos de aprendizado profundo podem operar quase em tempo real, monitorando continuamente os fluxos de dados recebidos e ajustando as alocações de recursos dinamicamente. Essa agilidade é crucial para lidar com picos repentinos na demanda ou alterar os padrões de tráfego com eficiência.
4. **Automação e escalabilidade:** O balanceamento de carga automatizado utilizando a aprendizagem profunda reduz a intervenção manual e permite o escalonamento contínuo de recursos com base em previsões de carga de trabalho. Esta escalabilidade garante que as aplicações podem manter níveis de desempenho elevados, mesmo com cargas variáveis.
5. **Adaptabilidade a diversas cargas de trabalho:** As técnicas de aprendizagem profunda podem se adaptar a diversos tipos de cargas de trabalho e requisitos de aplicativos, tornando-as adequadas para uma ampla gama de cenários de computação em nuvem. Seja lidando com processamento multimídia, aplicativos da Web ou fluxos de dados da IoT, a aprendizagem profunda pode adaptar estratégias de balanceamento de carga a necessidades específicas.

Desafios e considerações:

Apesar do seu potencial, a integração da aprendizagem profunda no balanceamento de carga coloca vários desafios:

- **Complexidade e qualidade dos dados:** Os modelos de aprendizagem profunda requerem grandes volumes de dados de alta qualidade para treinamento e validação. Garantir a precisão e a relevância dos dados é crucial para a eficácia dos modelos preditivos.
- **Complexidade computacional:** O treino e a implementação de modelos de aprendizagem profunda podem ser computacionalmente intensivos, exigindo uma infraestrutura robusta e algoritmos eficientes para lidar com as exigências em tempo real.
- **Interpretabilidade e controlo:** As redes neurais são frequentemente consideradas modelos de caixa preta, o que dificulta a interpretação de suas decisões e comportamentos. Garantir a transparência e o controlo das decisões de balanceamento de carga é essencial para os administradores de sistemas.

O futuro da aprendizagem profunda no balanceamento de carga reside no avanço da interpretabilidade do modelo, no aumento da escalabilidade e na integração com arquitecturas de computação periférica. À medida que as tecnologias evoluem, a aprendizagem profunda continuará a desempenhar um papel fundamental na otimização da gestão de recursos em ambientes de nuvem, abrindo caminho para soluções de infraestrutura mais inteligentes e adaptáveis.

6.2 Modelos preditivos para distribuição de carga

Os modelos preditivos para a distribuição da carga na computação em nuvem envolvem a utilização de técnicas de aprendizagem automática e de aprendizagem profunda para prever as futuras necessidades de recursos com base em dados históricos e observações em tempo real. Estes modelos desempenham um papel crucial na otimização da atribuição de recursos, no aumento do desempenho do sistema e na melhoria da experiência do utilizador, garantindo que estão disponíveis recursos adequados para lidar eficazmente com as flutuações da carga de trabalho. Aqui está uma exploração detalhada dos modelos preditivos para distribuição de carga:

1. Recolha e preparação de dados

- **Fontes de dados:** Recolha de dados históricos sobre métricas do sistema, tais como utilização da CPU, utilização da memória, tráfego de rede e métricas de desempenho específicas da aplicação. Os fluxos de dados em tempo real também são recolhidos para fornecer informações actuais sobre as condições do sistema.
- **Pré-processamento de dados:** Limpar e pré-processar os dados para lidar com valores em falta, outliers e ruído. Normalizar ou padronizar as caraterísticas para garantir a consistência entre diferentes métricas e escalas. Os dados de séries temporais podem exigir transformações adicionais para uma modelação eficaz.

2. Seleção e treino de modelos

- **Modelos de previsão de séries temporais:**
  - **Média Móvel Integrada Autoregressiva (ARIMA):** Adequados para dados de séries temporais estacionárias, os modelos ARIMA captam dependências lineares e tendências ao longo do tempo.

- **Métodos de suavização exponencial:** Incluem modelos como Holt-Winters, que captam a sazonalidade e as tendências em dados de séries temporais.
- **Modelos de aprendizagem automática:**
  - **Máquinas de vectores de suporte (SVM):** Podem ser utilizadas para tarefas de regressão para prever valores de carga contínua com base em caraterísticas históricas.
  - **Random Forests e Gradient Boosting Machines:** Métodos de conjunto que funcionam bem com dados estruturados e podem lidar com relações complexas.
- **Modelos de aprendizagem profunda:**
  - **Redes Neuronais Recorrentes (RNNs):** Eficazes para dados sequenciais, as RNNs e as suas variantes (LSTMs, GRUs) podem captar dependências e padrões a longo prazo em dados de séries temporais.
  - **Redes Neuronais Convolucionais (CNNs):** Aplicadas quando é necessário captar relações espaciais em dados de séries temporais, tais como matrizes de sensores ou dados espacialmente correlacionados.

3. Avaliação e validação do modelo

- **Divisão de dados:** Dividir os dados em conjuntos de treino, validação e teste para treinar modelos, ajustar hiperparâmetros e avaliar o desempenho.
- **Métricas:** Avaliar os modelos utilizando métricas adequadas, como o erro médio absoluto (MAE), o erro médio quadrático (MSE), a raiz do erro médio quadrático (RMSE) ou métricas específicas relacionadas com o domínio, como previsões do tempo de resposta ou do rendimento.
- **Validação cruzada:** Utilizar técnicas como a validação cruzada k-fold para garantir a robustez e generalizar o desempenho do modelo em diferentes divisões de dados.

4. Implantação e implementação

- **Actualizações em tempo real:** Implemente modelos para monitorizar e prever continuamente as exigências da carga de trabalho em tempo real. Atualize os modelos periodicamente com novos dados para se adaptar às mudanças nos padrões de carga de trabalho.

- **Integração:** Integrar modelos preditivos nos algoritmos de balanceamento de carga existentes e nos sistemas de gestão de infra-estruturas para automatizar as decisões de atribuição de recursos.
- **Escalabilidade:** Garantir que os modelos implementados podem ser escalados com o ambiente de nuvem, lidando com volumes de dados crescentes e exigências computacionais de forma eficiente.

5. Estudos de casos e aplicações

- **IA do Google DeepMind para arrefecimento de centros de dados:** Utilizou a aprendizagem profunda para otimizar os sistemas de refrigeração com base na análise preditiva das condições e cargas de trabalho do centro de dados.
- **Plataforma Elástica de Aprendizado Profundo da Alibaba:** Implementou modelos preditivos para alocar recursos dinamicamente e dimensionar a infraestrutura com base em previsões de carga de trabalho.
- **O Profeta do Facebook para o planeamento da capacidade:** Desenvolveu uma ferramenta de previsão utilizando a aprendizagem automática para prever padrões de tráfego e de carga, ajudando no planeamento da capacidade e na otimização de recursos.

Os modelos preditivos para distribuição de carga aproveitam técnicas avançadas de análise e aprendizado de máquina para prever com precisão as demandas de carga de trabalho. Ao analisar dados históricos e métricas em tempo real, estes modelos permitem aos fornecedores de serviços de computação em nuvem otimizar a atribuição de recursos, melhorar a eficiência do sistema e melhorar a experiência do utilizador, garantindo um desempenho ideal em condições de carga de trabalho variáveis. À medida que os avanços no aprendizado de máquina continuam, a modelagem preditiva desempenhará um papel cada vez mais crucial na formação de infraestruturas de computação em nuvem inteligentes e adaptáveis.

6.3 Casos de estudo e aplicações de modelos preditivos para distribuição de cargas

Os modelos preditivos para a distribuição da carga na computação em nuvem têm sido aplicados com sucesso em vários cenários, tirando partido da aprendizagem automática e de técnicas de aprendizagem profunda para otimizar a atribuição de recursos e melhorar o desempenho do sistema. Apresentamos aqui estudos de caso e aplicações pormenorizados que demonstram a eficácia destes modelos:

1. IA da Google DeepMind para arrefecimento de centros de dados

Descrição geral: A Google DeepMind aplicou técnicas de aprendizagem por reforço profundo para otimizar os sistemas de refrigeração nos seus centros de dados. O sistema de IA, conhecido como "DeepMind AI for Data Center Cooling", aprendeu a gerir os sistemas de refrigeração de forma mais eficiente, analisando continuamente as condições do centro de dados e ajustando as definições de refrigeração em tempo real.

Tecnologia utilizada:

- **Aprendizagem por reforço profundo (DRL):** Agentes treinados para otimizar as operações do sistema de arrefecimento com base em factores ambientais e previsões de carga de trabalho.
- **Análise preditiva:** Utilizou dados históricos e métricas em tempo real para prever futuras necessidades de arrefecimento e ajustar as definições do sistema de forma proactiva.

Benefícios:

- **Eficiência energética:** Redução do consumo de energia para arrefecimento até 40%.
- **Eficiência operacional:** Melhoria da fiabilidade do sistema e redução dos custos de manutenção através da otimização das operações de refrigeração com base em modelos preditivos de distribuição de carga.

2. Plataforma Elástica de Aprendizagem Profunda da Alibaba

Visão geral: A Alibaba desenvolveu uma plataforma de aprendizagem profunda elástica que dimensiona dinamicamente os recursos com base em previsões de carga de trabalho. A plataforma utiliza modelos preditivos para antecipar as demandas de recursos e alocar recursos de computação de forma eficiente em sua infraestrutura de nuvem.

Tecnologia utilizada:

- **Modelação Preditiva:** Utilizou modelos de aprendizagem automática para prever padrões de carga de trabalho e prever as necessidades de recursos.
- **Escalonamento automático:** Escalonamento automatizado de recursos de computação com base em previsões de carga de trabalho em tempo real e métricas de desempenho.

Benefícios:

- **Escalabilidade:** Assegurou um desempenho e uma utilização de recursos óptimos, ajustando automaticamente os recursos para corresponder às flutuações da carga de trabalho.
- **Eficiência de custos:** Redução dos custos operacionais através da otimização da atribuição de recursos e do escalonamento com base em análises preditivas.

3. O Profeta do Facebook para o planeamento da capacidade

Descrição geral: O Facebook desenvolveu o Prophet, uma ferramenta de previsão que utiliza a aprendizagem automática, para prever o tráfego e os padrões de carga nos seus servidores. O Prophet foi concebido para o planeamento da capacidade e ajuda a otimizar a atribuição de recursos nos centros de dados globais do Facebook.

Tecnologia utilizada:

- **Previsão de séries temporais:** O Prophet utiliza modelos de regressão aditiva para captar padrões e tendências sazonais em dados de séries temporais.
- **Análise de dados históricos:** Analisa dados históricos de carga de trabalho para gerar previsões exactas para futuras necessidades de recursos.

Benefícios:

- **Otimização da capacidade:** Permitiu ao Facebook alocar recursos de forma eficiente e planear actualizações de infra-estruturas com base em padrões de tráfego previstos.
- **Melhoria do desempenho:** Melhoria da fiabilidade do sistema e redução da latência, antecipando os picos de carga e dimensionando os recursos em conformidade.

4. Escalonamento automático do Amazon EC2

Visão geral: O Amazon EC2 Auto Scaling utiliza algoritmos de aprendizagem automática para prever padrões de tráfego e ajustar automaticamente o número de instâncias do Amazon EC2 para manter a disponibilidade e o desempenho das aplicações.

Tecnologia utilizada:

- **Algoritmos de aprendizagem automática:** Utilizou modelos preditivos para prever a procura de aplicações e dimensionar recursos em resposta a padrões de tráfego variáveis.
- **Monitorização em tempo real:** Monitoriza continuamente as métricas de desempenho para ajustar a atribuição de recursos de forma dinâmica.

Benefícios:

- **Eficiência operacional:** Garantia de que as aplicações são resistentes a picos de tráfego e mantêm níveis de desempenho consistentes.
- **Otimização de custos:** Redução dos custos operacionais através do dimensionamento eficiente dos recursos e evitando o aprovisionamento excessivo durante os períodos de baixa procura.

5. Aprendizagem automática do Microsoft Azure para escalonamento automático

Visão geral: O Microsoft Azure utiliza modelos de aprendizado de máquina para prever demandas de carga de trabalho e automatizar o dimensionamento de VMs (Máquinas Virtuais) do Azure com base em análises preditivas.

Tecnologia utilizada:

- **Análise Preditiva:** Os modelos de Aprendizagem Automática do Azure prevêem a procura de aplicações e dimensionam os recursos para corresponder às flutuações da carga de trabalho.
- **Integração com os Serviços do Azure:** Integra-se perfeitamente com os serviços do Azure para fornecer recursos de dimensionamento automático em vários aplicativos baseados em nuvem.

Benefícios:

- **Otimização do desempenho:** Assegurou alta disponibilidade e desempenho, dimensionando recursos com base na análise preditiva da carga de trabalho.
- **Eficiência de custos:** Alocação de recursos optimizada para minimizar os custos e maximizar a eficiência nos serviços de cloud do Azure.

Esses estudos de caso ilustram as aplicações práticas e os benefícios dos modelos preditivos para distribuição de carga na computação em nuvem. Ao tirar partido da análise avançada, da aprendizagem automática e das técnicas de aprendizagem profunda, as organizações podem otimizar a atribuição de recursos, melhorar a eficiência do sistema e melhorar a experiência do utilizador, garantindo um desempenho ideal em condições de carga de trabalho variáveis. À medida que as tecnologias continuam a evoluir, a modelagem preditiva desempenhará um papel fundamental na formação de infraestruturas de computação em nuvem inteligentes e adaptáveis.

Capítulo 7

7. Estruturas e ferramentas

7.1 Visão geral das ferramentas e estruturas para a implementação de modelos de aprendizagem profunda

As estruturas e ferramentas de aprendizagem profunda fornecem blocos de construção e fluxos de trabalho essenciais para o desenvolvimento, treinamento e implantação de modelos de aprendizagem profunda. Aqui está uma visão geral de algumas das estruturas e ferramentas mais populares e amplamente usadas:

1. **TensorFlow**:
   - **Desenvolvido por**: Equipa do Google Brain
   - **Descrição**: O TensorFlow é uma estrutura de aprendizagem profunda de código aberto amplamente utilizada por sua flexibilidade e ecossistema abrangente. Suporta vários modelos de aprendizagem profunda e é conhecido pela sua capacidade de ser executado em várias CPUs e GPUs, bem como em dispositivos móveis.
   - **Caraterísticas principais**:
     - TensorFlow Hub para módulos reutilizáveis de aprendizagem automática.
     - TensorFlow Lite para dispositivos móveis e incorporados.
     - TensorFlow Extended (TFX) para pipelines de ML de ponta a ponta.
     - TensorBoard para visualização de gráficos e métricas de modelos.
     - API do Keras integrada para desenvolvimento de modelos de alto nível.
2. **PyTorch**:
   - **Desenvolvido por**: Laboratório de investigação de IA do Facebook (FAIR)
   - **Descrição**: PyTorch é uma estrutura de aprendizagem profunda de código aberto que fornece um gráfico computacional dinâmico, tornando-o intuitivo e fácil de usar. Ganhou popularidade tanto no meio académico como na indústria para investigação e produção.

- **Caraterísticas principais**:
    - Gráfico de computação dinâmica para facilitar a depuração.
    - Suporte nativo para programação Python, tornando-a fácil de utilizar.
    - TorchScript para transição entre o modo eager e o modo gráfico.
    - Forte apoio da comunidade e extensa documentação.

3. **Keras**:
    - **Desenvolvido por**: Inicialmente por François Chollet, atualmente parte do TensorFlow
    - **Descrição**: Keras é uma API de redes neurais de alto nível que é fácil de usar e permite uma prototipagem rápida. Está agora integrada no TensorFlow como a sua API oficial de alto nível.
    - **Caraterísticas principais**:
        - Fácil de utilizar e modular.
        - Suporta redes convolucionais e recorrentes.
        - Funciona sem problemas na CPU e GPU.
        - Fácil integração com o TensorFlow.
4. **MXNet**:
    - **Desenvolvido por**: Apache Software Foundation
    - **Descrição**: O MXNet é uma estrutura de aprendizagem profunda escalável e eficiente que suporta programação flexível em várias linguagens, incluindo Python, C++ e Julia.
    - **Caraterísticas principais**:
        - Gestão eficiente de recursos para uma implementação escalável.
        - Suporte de gráficos dinâmicos e estáticos.
        - Flexível e portátil para vários ambientes de hardware.
        - API Gluon para criar e treinar modelos.
5. **Café**:
    - **Desenvolvido por**: Berkeley AI Research (BAIR)
    - **Descrição**: Caffe é uma estrutura de aprendizagem profunda focada no desempenho e na modularidade. É particularmente adequado para redes neurais convolucionais (CNNs) e tarefas de processamento de imagem.
    - **Caraterísticas principais**:
        - Velocidade e eficiência na formação de redes profundas.

- Adequado para tarefas de classificação de imagens.
- Modelo Zoo para modelos pré-treinados.

6. **Theano**:
   - **Desenvolvido por**: MILA, Université de Montréal
   - **Descrição**: Theano é uma biblioteca Python e um compilador de otimização para avaliar expressões matemáticas, especialmente aquelas que envolvem matrizes multidimensionais. Foi uma das primeiras bibliotecas para aprendizagem profunda, mas agora é considerada obsoleta.
   - **Caraterísticas principais**:
     - Forte integração com o NumPy.
     - Utilização transparente da GPU.
     - Testes unitários extensivos e auto-verificação.

7.2 Plataformas e serviços em nuvem para aprendizagem profunda

As plataformas de computação em nuvem fornecem recursos escaláveis, flexíveis e económicos para desenvolver, treinar e implementar modelos de aprendizagem profunda. Os principais fornecedores de serviços em nuvem oferecem uma gama de serviços adaptados às necessidades de aprendizagem profunda:

1. **Amazon Web Services (AWS)**:
   - **Amazon SageMaker**: Um serviço totalmente gerido que fornece a todos os programadores e cientistas de dados a capacidade de criar, treinar e implementar modelos de aprendizagem automática rapidamente.
     - **Caraterísticas**:
       - Notebooks Jupyter para exploração e pré-processamento.
       - Algoritmos incorporados e suporte para TensorFlow, PyTorch, MXNet e outras estruturas.
       - Afinação automática de modelos e alojamento de modelos.
       - Integração com outros serviços AWS, como S3, EC2 e Lambda.
   - **AMIs de aprendizado profundo da AWS**: Pré-configurado com estruturas de aprendizagem profunda para iniciar rapidamente instâncias para treinamento.

- **AWS Lambda**: Para executar código em resposta a eventos, tornando-o útil para implantar modelos como parte de uma arquitetura sem servidor.

2. **Google Cloud Platform (GCP)**:
   - **Plataforma de IA**: Uma plataforma unificada para criar, implementar e gerir modelos de aprendizagem automática.
     - **Caraterísticas**:
       - Notebooks Jupyter geridos.
       - Suporte para TensorFlow, Keras, Scikit-learn e XGBoost.
       - Afinação automatizada de hiperparâmetros.
       - Formação e implantação de modelos.
       - Integração com o BigQuery para análise de dados em grande escala.
   - **TensorFlow Enterprise**: Fornece suporte de nível empresarial para o TensorFlow e desempenho optimizado.
   - **Google Kubernetes Engine (GKE)**: Para implantar aplicativos em contêineres, incluindo modelos de ML.
3. **Microsoft Azure**:
   - **Aprendizagem automática do Azure**: Um serviço abrangente para criar, treinar e implementar modelos de aprendizagem automática.
     - **Caraterísticas**:
       - Aprendizagem automática de máquinas para uma rápida criação de modelos.
       - Interface visual de arrastar e largar para a construção de modelos.
       - Suporte para estruturas populares como TensorFlow, PyTorch e Scikit-learn.
       - Integração com o Azure DevOps para integração e implementação contínuas (CI/CD).
   - **Azure Databricks**: Uma plataforma de análise baseada no Apache Spark optimizada para o Azure.
   - **Serviços Cognitivos do Azure**: APIs pré-criadas para tarefas de visão, fala, linguagem e tomada de decisões, permitindo a rápida integração de capacidades de ML.

O panorama das ferramentas e estruturas para a aprendizagem profunda é rico e variado, satisfazendo diferentes necessidades, desde a investigação à produção. O TensorFlow, o PyTorch e o Keras estão entre as estruturas mais proeminentes, oferecendo funcionalidades alargadas para a criação e implementação de modelos de aprendizagem profunda. Plataformas de nuvem como AWS, Google Cloud e Azure fornecem serviços escaláveis e geridos para facilitar todo o ciclo de vida da aprendizagem automática, desde a preparação de dados e formação de modelos até à implementação e monitorização. Em conjunto, estas plataformas e ferramentas permitem que os programadores e cientistas de dados aproveitem todo o potencial da aprendizagem profunda com maior eficiência e flexibilidade.

Capítulo 8

8. Integração da aprendizagem profunda com a gestão de recursos na nuvem

Integrar a aprendizagem profunda com a gestão de recursos na nuvem implica tirar partido das plataformas de nuvem para gerir os recursos computacionais necessários para a formação, implementação e manutenção de modelos de aprendizagem profunda. Essa integração garante escalabilidade, custo-benefício e eficiência. Abaixo estão as considerações, estratégias e metodologias detalhadas para essa integração:

8.1 Considerações sobre a arquitetura

1. **Escalabilidade**:
   - **Escalonamento horizontal**: Adição de mais instâncias ou nós para lidar com o aumento da carga. Na aprendizagem profunda, isso pode envolver a distribuição de processos de treinamento em várias máquinas.
   - **Escalonamento vertical**: Aumentar a capacidade dos recursos existentes, como atualizar para uma GPU mais potente ou aumentar a memória.
2. **Elasticidade**:
   - **Escalonamento automático**: Ajustar automaticamente o número de recursos computacionais com base na demanda atual. Para o aprendizado profundo, isso pode envolver o aumento de recursos durante os períodos de pico de treinamento e a redução quando a demanda for menor.
3. **Gestão de custos**:
   - **Pagamento conforme o uso**: Aproveitamento de serviços em nuvem que cobram com base na utilização de recursos, ajudando a gerir os custos de forma eficaz.
   - **Instâncias pontuais**: Utilizar instâncias mais baratas e não garantidas para cargas de trabalho não críticas para reduzir os custos.
4. **Segurança e conformidade**:
   - **Encriptação de dados**: Assegurar que os dados em repouso e em trânsito são encriptados para proteger informações sensíveis.

- **Controlo de acesso**: Implementação de mecanismos robustos de autenticação e autorização para restringir o acesso a recursos e dados.
- **Conformidade**: Cumprir as normas regulamentares, como o RGPD, a HIPAA ou a CCPA, consoante os dados e o sector.

5. **Alta Disponibilidade e Tolerância a Falhas**:
   - **Redundância**: Assegurar que várias cópias de dados e modelos são armazenadas em diferentes locais para evitar a perda de dados.
   - **Balanceamento de carga**: Distribuir os pedidos de entrada por vários servidores para garantir que nenhum servidor se torne um ponto de estrangulamento.
   - **Mecanismos de failover**: Redireccionamento automático do tráfego para servidores em espera em caso de falhas.
6. **Gestão de dados**:
   - **Lagos de dados**: Repositórios centralizados que permitem armazenar todos os seus dados estruturados e não estruturados em qualquer escala.
   - **Pipelines de dados**: Processos automatizados para mover, transformar e carregar dados de várias fontes para o armazenamento na nuvem.

8.2 Estratégias de implementação

1. **Escolher os serviços de nuvem certos**:
   - **Serviços de computação**: Seleção de instâncias de computação adequadas (por exemplo, instâncias de GPU ou TPU) com base na complexidade e nos requisitos dos modelos de aprendizagem profunda.
   - **Serviços de armazenamento**: Utilizar soluções de armazenamento na nuvem, como o Amazon S3, o Google Cloud Storage ou o Azure Blob Storage, para um tratamento eficiente dos dados.
2. **Containerização e Orquestração**:
   - **Docker**: Colocar em contentores aplicações de aprendizagem profunda para garantir a consistência em diferentes ambientes.
   - **Kubernetes**: Orquestração de contentores para gerir a implementação, o dimensionamento e as operações de contentores de aplicações em clusters de anfitriões.
3. **Pipelines de CI/CD**:

- **Integração contínua**: Automatizar a integração de alterações de código e testes para garantir que a base de código permanece estável.
- **Implantação contínua**: Automatizar o processo de implementação para garantir que as actualizações de modelos ou aplicações podem ser implementadas de forma eficiente.

4. **Estratégias híbridas e multi-nuvem**:
   - **Nuvem híbrida**: Combinação da infraestrutura local com recursos de nuvem pública para aproveitar os benefícios de ambos os ambientes.
   - **Multi-nuvem**: Utilizar vários fornecedores de serviços na nuvem para evitar a dependência de um fornecedor e tirar partido dos melhores serviços oferecidos por cada fornecedor.
5. **Formação e implementação de modelos**:
   - **Treinamento distribuído**: Dividir o processo de formação em várias GPUs ou máquinas para acelerar o processo de formação.
   - **Fornecimento de modelos**: Utilizar serviços geridos como o AWS SageMaker, a Google AI Platform ou o Azure Machine Learning para implementar e servir modelos.
6. **Monitorização e otimização**:
   - **Monitoramento de desempenho**: Utilização de ferramentas para monitorizar o desempenho dos modelos implementados, incluindo latência, taxa de transferência e taxas de erro.
   - **Otimização de recursos**: Otimização contínua da atribuição de recursos computacionais para equilibrar o desempenho e o custo.

8.3 Processamento e análise de dados em tempo real

1. **Processamento de dados em fluxo contínuo**:
   - **Apache Kafka**: Uma plataforma de fluxo distribuído capaz de lidar com feeds de dados em tempo real.
   - **Apache Flink**: Uma estrutura de processamento de fluxo que pode processar dados em tempo real com baixa latência.
   - **Amazon Kinesis**: Um serviço gerido para análise e transmissão de dados em tempo real.
2. **Inferência em tempo real**:

- **Computação de ponta**: Implementação de modelos em dispositivos de ponta para efetuar inferência em tempo real perto da fonte de dados, reduzindo a latência.
- **Arquitecturas sem servidor**: Utilização de computação sem servidor (por exemplo, AWS Lambda, Google Cloud Functions) para escalar automaticamente cargas de trabalho de inferência em resposta a fluxos de dados de entrada.

3. **Ingestão e pré-processamento de dados**:
   - **Pipelines ETL**: Extrair, Transformar, Carregar processos para preparar dados para análise em tempo real.
   - **Enriquecimento de dados**: Acrescentar informações adicionais aos dados em bruto para melhorar a qualidade e a exatidão da análise.
4. **Análises em tempo real**:
   - **Dashboards e visualização**: Ferramentas como Kibana, Grafana ou Amazon QuickSight para visualizar dados em tempo real e desempenho do modelo.
   - **Deteção de anomalias**: Implementação de modelos que podem detetar e responder a anomalias em fluxos de dados em tempo real.
5. **Integração com plataformas de grandes volumes de dados**:
   - **Hadoop e Spark**: Integrar a aprendizagem profunda com plataformas de grandes volumes de dados para lidar com o processamento de dados em grande escala.
   - **Dask**: Uma biblioteca flexível para computação paralela em Python, que se integra bem com NumPy, Pandas e scikit-learn.

A integração da aprendizagem profunda com a gestão de recursos da cloud requer um planeamento arquitetónico cuidadoso, uma implementação estratégica e um processamento de dados eficaz em tempo real. Ao aproveitar os serviços de nuvem escaláveis e flexíveis, a orquestração de contêineres e as ferramentas robustas de monitoramento e otimização, as organizações podem gerenciar com eficiência as cargas de trabalho de aprendizagem profunda. O processamento e a análise de dados em tempo real aumentam ainda mais a capacidade de obter insights e tomar decisões prontamente, maximizando assim os benefícios da aprendizagem profunda em vários aplicativos.

Capítulo 9

9. Tendências futuras e direcções de investigação

9.1 Tecnologias emergentes na computação em nuvem

1. **Computação quântica**:
   - **Descrição**: A computação quântica utiliza a mecânica quântica para efetuar cálculos a velocidades inatingíveis pelos computadores clássicos. Tem potencial para resolver problemas complexos de criptografia, otimização e aprendizagem automática.
   - **Impacto na computação em nuvem**:
     - **Serviços quânticos em nuvem**: Fornecedores como a IBM (IBM Q), Google (Quantum AI) e Microsoft (Azure Quantum) estão a desenvolver serviços de nuvem quântica para fornecer acesso a computadores quânticos através da nuvem.
     - **Sistemas híbridos quânticos-clássicos**: Combinação de recursos de computação clássica e quântica para resolver problemas de forma mais eficiente.
2. **Computação de ponta**:
   - **Descrição**: A computação de borda processa dados mais próximos da fonte (por exemplo, dispositivos IoT) em vez de depender de servidores em nuvem centralizados, reduzindo a latência e o uso de largura de banda.
   - **Impacto na computação em nuvem**:
     - **Modelos de nuvem distribuídos**: Integração da computação periférica com plataformas de nuvem para criar um modelo de computação distribuída.
     - **Processamento em tempo real melhorado**: Capacidades melhoradas de processamento de dados em tempo real, especialmente para aplicações como veículos autónomos e cidades inteligentes.
3. **Computação sem servidor**:
   - **Descrição**: Também conhecida como Função como Serviço (FaaS), a computação sem servidor permite que os programadores executem código

sem gerir a infraestrutura subjacente, escalando automaticamente em resposta à procura.

   - **Impacto na computação em nuvem**:
     - **Eficiência de custos**: O modelo de pagamento por execução reduz os custos, cobrando apenas o tempo efetivo de computação.
     - **Desenvolvimento simplificado**: Os programadores podem concentrar-se na escrita de código e não na gestão da infraestrutura.

4. **Redes 5G**:
   - **Descrição**: A quinta geração de redes móveis oferece débitos de dados significativamente mais elevados, menor latência e maior capacidade.
   - **Impacto na computação em nuvem**:
     - **Conectividade melhorada**: Conectividade melhorada para dispositivos IoT e computação periférica, permitindo uma transferência de dados mais eficiente de e para a nuvem.
     - **Novas aplicações**: Possibilidade de novas aplicações em realidade aumentada (RA), realidade virtual (RV) e análise em tempo real.
5. **Integração da Inteligência Artificial (IA) e da Aprendizagem Automática (ML)**:
   - **Descrição**: A IA e o ML estão a ser cada vez mais integrados nos serviços em nuvem para melhorar as capacidades e automatizar os processos.
   - **Impacto na computação em nuvem**:
     - **Gestão inteligente de recursos**: Ferramentas baseadas em IA para otimizar a atribuição de recursos e a distribuição da carga de trabalho.
     - **Manutenção preditiva**: Algoritmos de aprendizagem automática para prever e evitar falhas nas infra-estruturas.

9.2 Técnicas avançadas de aprendizagem profunda para a gestão de recursos

1. **Aprendizagem por reforço (RL)**:
   - **Descrição**: A RL envolve o treino de agentes para tomarem uma sequência de decisões através da recompensa de comportamentos desejados. Está a ser cada vez mais aplicada para otimizar a gestão de recursos na computação em nuvem.

- **Aplicações**:
    - **Atribuição dinâmica de recursos**: Utilização da RL para atribuir dinamicamente recursos com base na procura em tempo real e nos padrões de utilização.
    - **Eficiência energética**: Otimização do consumo de energia em centros de dados através da aprendizagem de estratégias eficientes de utilização de recursos.

2. **Aprendizagem federada**:
   - **Descrição**: A aprendizagem federada permite a formação de modelos em vários dispositivos ou servidores descentralizados que detêm amostras de dados locais, sem os trocar.
   - **Aplicações**:
     - **Gestão de recursos com preservação da privacidade**: Gerir recursos sem partilhar dados sensíveis, crucial para sectores como os cuidados de saúde e as finanças.
     - **Formação de modelos em colaboração**: Aproveitamento de dispositivos de ponta para treinar modelos de forma colaborativa, reduzindo a necessidade de armazenamento e processamento central de dados.
3. **Meta-aprendizagem**:
   - **Descrição**: Também conhecidos como "aprender a aprender", os algoritmos de meta-aprendizagem têm como objetivo adaptar-se rapidamente a novas tarefas com um mínimo de dados, tirando partido do conhecimento prévio.
   - **Aplicações**:
     - **Utilização eficiente de recursos**: Desenvolvimento de algoritmos adaptativos que aprendem rapidamente estratégias óptimas de gestão de recursos para novas cargas de trabalho.
     - **Ajuste automatizado de modelos**: Ajuste automático de modelos de aprendizagem profunda para diferentes ambientes de nuvem para otimizar o desempenho.
4. **Pesquisa de Arquitetura Neural (NAS)**:
   - **Descrição**: O NAS envolve a procura automática da melhor arquitetura de rede neural para realizar uma determinada tarefa.

- o **Aplicações**:
  - **Implementação optimizada de modelos**: Encontrar arquitecturas de redes neuronais eficientes adaptadas a hardware de nuvem específico para melhor desempenho e custo reduzido.
  - **Escalabilidade**: Conceber arquitecturas neuronais escaláveis que tenham um bom desempenho em diferentes restrições de recursos.

5. **Aprendizagem contínua**:
   - o **Descrição**: A aprendizagem contínua, ou aprendizagem ao longo da vida, permite que os modelos aprendam continuamente a partir de novos dados, ao mesmo tempo que retêm o conhecimento de tarefas anteriores.
   - o **Aplicações**:
     - **Gestão adaptativa de recursos**: Adaptação contínua das políticas de gestão de recursos com base na evolução das cargas de trabalho e dos padrões.
     - **Sistemas resilientes**: Construir sistemas que melhorem ao longo do tempo e se adaptem a ambientes em mudança sem exigir uma reciclagem frequente a partir do zero.

9.3 Áreas de investigação potenciais e desafios em aberto

1. **Otimização de recursos para cargas de trabalho heterogéneas**:
   - o **Desafio**: Gerir eficazmente os recursos em ambientes com diversas cargas de trabalho (por exemplo, processamento em lote, análise em tempo real).
   - o **Direção da investigação**: Desenvolvimento de algoritmos que possam prever e atribuir recursos dinamicamente com base nas caraterísticas e requisitos da carga de trabalho.
2. **Aprendizagem profunda com eficiência energética**:
   - o **Desafio**: Reduzir o consumo de energia dos modelos de aprendizagem profunda, especialmente durante a formação e a inferência.
   - o **Direção da investigação**: Conceber arquitecturas e algoritmos de treino eficientes em termos energéticos, bem como tirar partido de hardware de baixo consumo.
3. **Aprendizagem federada escalável e segura**:
   - o **Desafio**: Garantir a escalabilidade e a segurança em ambientes de aprendizagem federados onde estão envolvidas várias partes.

- **Direção da investigação**: Melhoria dos protocolos de comunicação, métodos de encriptação e técnicas de escalabilidade para sistemas de aprendizagem federados.

4. **IA fiável e interpretabilidade de modelos**:
    - **Desafio**: Garantir que os modelos de aprendizagem profunda são interpretáveis, transparentes e fiáveis.
    - **Direção da investigação**: Desenvolver métodos para modelar a explicabilidade, a justiça e a responsabilidade, particularmente em ambientes com recursos limitados.
5. **Análise e processamento de dados em tempo real**:
    - **Desafio**: lidar com a velocidade, a variedade e o volume de dados em tempo real em ambientes de nuvem.
    - **Direção da investigação**: Criar estruturas e ferramentas para a ingestão, processamento e análise de dados em tempo real que se integrem perfeitamente com modelos de aprendizagem profunda.
6. **IA para a gestão de infra-estruturas na nuvem**:
    - **Desafio**: Automatizar a gestão da infraestrutura de nuvem usando IA para melhorar a eficiência e reduzir a sobrecarga operacional.
    - **Direção da investigação**: Aplicar a IA para prever falhas na infraestrutura, otimizar a utilização de recursos e gerir autonomamente operações de nuvem em grande escala.
7. **Integrar a computação quântica com a aprendizagem profunda**:
    - **Desafio**: Tirar partido da computação quântica para melhorar as capacidades de aprendizagem profunda e ultrapassar os limites computacionais clássicos.
    - **Direção da investigação**: Explorar algoritmos híbridos quântico-clássicos para aprendizagem profunda e desenvolver estruturas que integrem recursos de computação quântica com plataformas de nuvem.
8. **Conformidade ética e regulamentar na implementação da IA**:
    - **Desafio**: Garantir que as implementações de IA e aprendizagem profunda cumprem as normas éticas e os requisitos regulamentares.
    - **Direção da investigação**: Criação de quadros para a governação ética da IA, auditoria de sistemas de IA para fins de conformidade e

desenvolvimento de melhores práticas para uma implantação responsável da IA.

A integração da aprendizagem profunda com a gestão de recursos na nuvem está a evoluir rapidamente, impulsionada pelos avanços em tecnologias emergentes, como a computação quântica, a computação periférica e as redes 5G. As técnicas avançadas de aprendizagem profunda, incluindo a aprendizagem por reforço, a aprendizagem federada e a meta-aprendizagem, oferecem soluções inovadoras para otimizar a gestão de recursos. No entanto, subsistem inúmeros desafios de investigação, desde a otimização de recursos para cargas de trabalho heterogéneas até à garantia da conformidade ética e regulamentar nas implementações de IA. A resolução destes desafios será crucial para aproveitar todo o potencial da aprendizagem profunda em ambientes de nuvem e impulsionar inovações futuras.

Referências

[1] Buyya, R., Vecchiola, C., & Selvi, S. T. (2013). **Dominando a computação em nuvem: Fundamentos e Programação de Aplicações**. Morgan Kaufmann.

[2] Mell, P., & Grance, T. (2011). **A definição do NIST de computação em nuvem**. Instituto Nacional de Normas e Tecnologia.

[3] Silva, V., & Pacheco, R. (2015). **Balanceamento de carga em aplicações web baseadas em nuvem**. Springer.

[4] Stankovic, J. A., Spuri, M., Di Natale, M., & Buttazzo, G. C. (1995). **Implications of Classical Scheduling Results for Real-Time Systems**. IEEE Computer.

[5] Liu, J. W. S. (2000). **Sistemas em tempo real**. Prentice Hall.

[6] Gholami, A., Dong, Z., Kanter, D., et al. (2021). **Uma pesquisa de técnicas para otimizar o aprendizado profundo em aceleradores de hardware**. Pesquisas de computação da ACM.

[7] Erl, T., Puttini, R., & Mahmood, Z. (2013). **Computação em nuvem: Conceitos, Tecnologia e Arquitetura**. Prentice Hall.

[8] Rosenblum, M., & Garfinkel, T. (2005). **Monitores de máquinas virtuais: Tecnologia atual e tendências futuras**. Computador IEEE.

[9] Rittinghouse, J. W., & Ransome, J. F. (2017). **Computação em nuvem: Implementation, Management, and Security**. CRC Press.

[10] Thomas, B. J., & Vallath, B. (2015). **Algoritmos de balanceamento de carga: Um Estudo Comparativo**. Revista Internacional de Investigação Científica e de Engenharia.

[11] Klein, M. H., Ralya, T., Pollak, B., et al. (1993). **A Practitioner's Handbook for Real-Time Analysis: Guide to Rate Monotonic Analysis for Real-Time Systems**. Kluwer Academic Publishers.

[12] Buttazzo, G. C. (2011). **Sistemas de computação em tempo real rígidos: Predictable Scheduling Algorithms and Applications**. Springer.

[13] Liu, C. L., & Layland, J. W. (1973). **Scheduling Algorithms for Multiprogramming in a Hard-Real-Time Environment**. Journal of the ACM.

[14] Zeng, L., Benatallah, B., Ngu, A. H. H., et al. (2004). **Middleware QoS-Aware para Composição de Serviços Web**. IEEE Transactions on Software Engineering.

MIX
Papier aus verantwortungsvollen Quellen
Paper from responsible sources
FSC® C105338

Printed by Books on Demand GmbH, Norderstedt / Germany